AF340161

1846. — ABBEVILLE. — TYP. ET STÉR. GUSTAVE RETAUX.

LA
RÉFORME SOCIALE

PAR

M. EMM. DE CURZON

EXTRAIT DE LA *REVUE DE FRANCE*

PARIS

IMPRIMERIE DE LA SOCIÉTÉ ANONYME DE PUBLICATIONS PÉRIODIQUES
13, QUAI VOLTAIRE, 13

1881

LA
RÉFORME SOCIALE

LA
RÉFORME SOCIALE

PAR

M. EMM. DE CURZON

EXTRAIT DE LA *REVUE DE FRANCE*

PARIS

IMPRIMERIE DE LA SOCIÉTÉ ANONYME DE PUBLICATIONS PÉRIODIQUES

13, QUAI VOLTAIRE, 13

1881

LA RÉFORME SOCIALE

CONFUCIUS — M. LE PLAY

On pourra s'étonner, au premier abord, alors qu'il s'agit de réformer a société européenne contemporaine, de nous voir associer les noms de deux réformateurs que vingt-quatre siècles séparent, et mettre en parallèle la réformation de deux peuples encore plus distants par le mode de leur civilisation que par l'espace qui les sépare sur le globe.

Cet étonnement cessera, si l'on considère que le mal est de tous les lieux et de tous les temps, car il ne provient ni des lieux ni des temps : il est dans le cœur de l'homme. Or, la nature de l'homme est la même dans tous les lieux et dans tous les temps : partout et toujours il naît avec la même raison obscurcie et vacillante, avec la même volonté mobile et indécise, avec le même cœur capable de bien et de mal, mais enclin naturellement au mal.

Partout et toujours le mal produit dans la société les mêmes résultats généraux : l'inquiétude, la souffrance, l'irritation, l'antagonisme, l'insubordination, l'insociabilité, l'anarchie.

L'origine du mal et ses résultats, en ce qui touche la prospérité sociale, étant partout et toujours les mêmes, les moyens de revenir au bien sont aussi, quant aux principes, partout et toujours les mêmes.

Sans doute le mode d'application des principes peut varier selon les temps, les lieux. les races. la complication plus ou moins grande des existences sociales : mais de même que les peuples, bien que parlant des langues très diverses, n'en sont pas moins soumis, en ce qui touche la pensée, à la même logique, ainsi. malgré les coutumes et les usages les plus divergents, la règle morale des actions n'en est pas moins la même pour tous. La loi morale est universelle et immuable ; elle est accessible à toutes les intelligences, la Providence ayant mis en évidence, et à la portée de tous, les préceptes moraux suffisants pour rendre les hommes meilleurs et heureux, dans la mesure du bonheur dont il est possible de jouir en ce monde.

Au moment où la nécessité d'une réforme s'impose à tous les esprits, alors que le désordre est arrivé à un point tel que les hommes de bien, découragés. en sont venus à douter de la possibilité d'une régénération sociale et ne prévoient plus que des désastres, il nous a paru intéressant d'évoquer l'exemple d'un peuple qui, sans autre secours que la tradition affaiblie des vérités restreintes enseignées par la révélation primitive, a su triompher des crises sociales, se relever de ses décadences et prolonger son existence depuis quarante-deux siècles.

L'immobilité n'est pas dans la nature des choses de ce monde Confucius l'a dit judicieusement : « La persévérance dans le bien consiste moins à ne pas tomber qu'à se relever toutes les fois qu'on tombe. » Ce grand homme vint à propos pour relever les Chinois à une époque de défaillance sociale. Bien que fortement entamés par le commerce avec les Européens, les résultats bienfaisants de cette réforme subsistent encore et maintiennent la cohésion de ce vaste empire, qui compte 425 millions de sujets.

Avec une grande sûreté de coup d'œil et une grande élévation de vues, M. Le Play a pris l'initiative de la réforme sociale en Europe. A-t-il trop présumé du bon sens et de la bonne volonté de ses contemporains ? Ce qu'ont pu faire les Chinois avec des ressources morales et matérielles restreintes, les Européens, inondés des lumières du christianisme, aidés par les progrès de toutes les sciences humaines, n'en seraient-ils pas capables ? Voilà ce dont nous voulons faire nos lecteurs juges, en mettant en présence, dans cette étude succincte, la réforme réalisée en Chine par Confucius et les bases de réforme proposées par M. Le Play.

I

LE DÉSORDRE EN CHINE AU TEMPS DE CONFUCIUS. LE DÉSORDRE EN FRANCE A NOTRE ÉPOQUE

« La prospérité est un bienfait pour le sage et une malédiction pour l'insensé. » La vérité de cet axiome, qui a cours en Chine, se peut vérifier tous les jours; et comme le nombre des insensés l'emporte de beaucoup sur celui des sages, l'époque de la plus grande prospérité matérielle d'un peuple est presque toujours très voisine de sa déchéance. Pour que la prospérité dure, il faut en user avec retenue.

Au moment où naquit Confucius, 551 ans avant notre ère, la troisième dynastie chinoise, celle des Tchéou, touchait à son déclin. Sous les deux premières dynasties, la prospérité de la nation s'était développée rapidement. Mais la corruption avait suivi une marche parallèle, car le *Livre des annales* constate que, sous l'empereur Chéou Sin, le dernier de la seconde dynastie (1154 avant J.-C.), « tous les peuples, grands et petits, sont livrés au vice; ils sont voleurs, débauchés, scélérats. Les grands et les officiers subalternes, à l'exemple l'un de l'autre, commettent tous les crimes. Les méchants ne sont point punis, et cette impunité anime le peuple. Partout on ne voit que des haines, des querelles, des vengeances et des inimitiés [1]. »

La dynastie des Tchéou donna de très bons empereurs; mais elle porta la peine de son accession irrégulière à la souveraineté. Pour satisfaire les grands qui l'avaient aidé à monter sur le trône, Wou-Wang leur créa des principautés vassales. Ce système fut suivi par ses successeurs, pour apaiser les mécontents et les descendants de la dynastie détrônée; si bien que le nombre des royaumes feudataires,

1. Le *Chou-King*, liv. III, ch. xi.

qui n'était que de 13 sous Yao, fut porté à 156 sous les Tchéou. Ces princes féodaux finirent par rompre presque entièrement le lien de subordination qui les soumettait à l'empereur. Ils se faisaient la guerre entre eux, et ils foulaient les peuples pour entretenir leurs armées et le luxe de leurs cours.

Comme toujours et partout, la corruption avait commencé par les sommités sociales. Les princes avaient cessé d'offrir les sacrifices au Chang Ti (suprême seigneur) et de faire les cérémonies usitées en l'honneur des esprits et des ancêtres. Les plaisirs sensuels et la débauche régnaient dans leurs cours ; les fonctionnaires publics avaient suivi leurs exemples. Le grand lien de cohésion de ce vaste empire, la piété filiale, n'était plus observé. Avec l'oubli des devoirs religieux et du respect des ancêtres était venu aussi l'oubli de tous les autres devoirs de respect : on enterrait les morts sans honneur, on ne portait plus leur deuil ; les relations de famille n'étaient plus observées ; il n'y avait plus de police dans les Etats.

Il est à remarquer que, malgré tous ces désordres et tous ces vices, aucune erreur doctrinale ne s'était encore produite à la Chine ; aucune des bases de la constitution sociale naturelle n'y était contestée ni attaquée dogmatiquement. Depuis mille ans, malgré l'enseignement et les objurgations des prophètes, les Juifs étaient tombés et retombaient presque périodiquement dans l'idolâtrie ; grâce au tribunal des rites (tchi tsoung), que nous trouvons établi dès le règne de Chun (2200 ans avant J.-C.), les Chinois avaient conservé la tradition des doctrines unithéistes que leurs pères avaient reçues des fils de Noé. Le culte idolâtrique de Fo n'avait point encore été importé dans l'empire. Si Lao Tseu, dont le livre servit plus tard de prétexte à l'introduction du rationalisme parmi les lettrés, fut contemporain de Confucius, il n'eut point de disciples de son vivant, ayant vécu dans une retraite si absolue, qu'on ignore la date de sa mort.

On ne voit pas non plus, dans la législation chinoise de cette époque, rien qui soit en contradiction avec les principes essentiels de l'ordre social.

Confucius n'eut donc ni à combattre de fausses doctrines ; ni à restaurer les vrais principes, qui n'étaient pas contestés ; ni à poursuivre la revision d'une législation qui n'avait point été viciée. Sa

1. Le *Chou-King*, liv. I, ch. II.

.âche se borna à la réforme des mœurs par la rénovation des anciennes coutumes du bien et par la restauration de l'enseignement traditionnel. Sa mission est ainsi définie par un de ses contemporains, le sage Tchang-Houng :

« Si les belles instructions de Yao et de Chun viennent à se perdre ; si les sages règlements des premiers fondateurs de notre empire viennent à être oubliés ; si les cérémonies et les odes morales viennent à être négligées ou corrompues ; si, enfin, les hommes viennent à se dépraver entièrement, la lecture des écrits que laissera Koung-Tseu les rappellera à la pratique de leurs devoirs, et fera revivre dans leur mémoire ce que les anciens ont su, enseigné et pratiqué de plus utile et de plus digne d'être conservé [1]. »

« Il faut se rappeler surtout. dit M. Le Play, les trois actes du drame lamentable qui, au moment où j'écris ces lignes, se poursuit depuis 217 années. savoir : pendant 100 ans (1661-1762) « la corruption » par les rois et les cours : pendant 27 ans (1762-1789) la propagation de « l'erreur fondamentale » par les lettrés ; pendant 90 ans (1789-1879 « la destruction de la coutume » par l'association des lettrés, des violents et des hommes de proie [2]. »

Nous croyons qu'il faut assigner chez nous au désordre une date plus ancienne, et en faire remonter l'origine à l'époque où « l'on a tiré du droit romain les plus lâches maximes, dont on a fait la Constitution de l'Etat [3] » . Telle fut aussi l'opinion de M. Guizot, qui a constaté historiquement que « la classe des légistes fut, dès son origine, un terrible et funeste instrument de tyrannie [4] » Le *Contrat social* de Jean-Jacques Rousseau fut la contre-partie des théories despotiques importées chez nous par les légistes : c'était, de part et d'autre, le renversement de l'ordre social.

Toutes les erreurs contradictoires issues de ces deux causes principales ont été introduites tour à tour dans la législation et dans les institutions publiques. La religion, la famille, la propriété, les corporations provinciales, l'Etat, régis par cette législation arbitraire et fantaisiste, sont placés dans des conditions absolument incompatibles avec un ordre social paisible et stable. Aussi, depuis bientôt un siè-

---

1. G. Pauthier. La *Chine*, 1re partie, p. 134.
2. Les *Ouvriers européens*, 2e édition, t. Ier, p. 31.
3. Montlosier. La *Monarchie française*, t. II, p. 90.
4. *Histoire de la civilisation en France*, t. IV, p. 188.

cle, les régimes politiques les plus divers ont été essayés, sans qu'aucun d'eux ait pu se maintenir. Les expériences une fois faites ont été recommencées, toujours sans plus de succès; parce que toujours, tout en changeant les régimes et les personnes, on a continué à poursuivre le problème insoluble de procurer l'ordre, la paix, la stabilité à la société, en s'entêtant à lui donner pour base ces mêmes erreurs, qui ne peuvent jamais être que les agents de l'antagonisme et du désordre.

En vertu des « principes modernes », et à l'encontre de la pratique de tous les peuples prospères, c'est « l'opinion publique » qui doit gouverner chez nous le gouvernement. Or, rien de plus mobile que l'opinion publique. On ne conçoit guère qu'on puisse espérer obtenir la stabilité, en la fondant sur ce qu'il y a au monde de moins stable.

L'opinion publique est précisément la grande égarée qu'il est urgent de remettre dans le droit chemin. L'erreur a coulé sur elle de tant de sources qu'elle a perdu la notion du vrai. Les hommes les plus honnêtes sont tellement imbus des idées de « la civilisation moderne », qu'ils n'en conçoivent plus d'autres. Nous avons été, comme le disait Burke, « vidés de nos entrailles naturelles, et recousus comme les oiseaux d'un musée, après avoir été remplis de hachures des écrits sur les droits de l'homme [1] ».

Une autre cause, très active, de la démoralisation actuelle, c'est le désir universel et immodéré des emplois publics, qui est, dit Montalembert avec raison, la pire des maladies sociales. « Elle répand dans le corps de la nation une humeur vénale et servile, qui n'exclut nullement, même chez les mieux pourvus, l'esprit de faction et d'anarchie. Elle crée une foule d'affamés capables de toutes les fureurs pour satisfaire leur appétit, et propres à toutes les bassesses dès qu'ils sont rassasiés. Un peuple de solliciteurs est le dernier des peuples : il n'y a pas d'ignominie par où l'on ne puisse le faire passer [2]. »

Enfin. la centralisation administrative ayant supprimé toutes les associations libres, et dépouillé de presque toutes leurs attributions utiles les conseils électifs des diverses agrégations provinciales, l'individualisme, érigé en principe gouvernemental, a fait perdre la notion de la solidarité et surexcité l'égoïsme, qui est une aberration en

1. *Réflexions sur la révolution française*, p. 178.
2. *De l'avenir de l'Angleterre*, p. 74.

même temps qu'un vice. C'est la véritable source de l'antagonisme ; chacun ne songe plus qu'à son intérêt personnel et actuel ; nul souci du bien public, nulle prévoyance. Le riche a perdu la notion des devoirs qu'impose la richesse ; le pauvre, destitué de patronage, ne trouvant plus de recours contre sa misère, menace le riche et cherche à envahir la richesse. Tous n'ont qu'un seul objectif, les jouissances sensuelles ; tous sont dominés par cette préoccupation des cœurs gâtés : « Chacun pour soi !... Après moi le déluge !... » Et, en effet, la société s'engloutit dans le déluge de ses erreurs et de ses vices.

II

PRÉCIS BIOGRAPHIQUE DES DEUX RÉFORMATEURS

Khoung-Fou-Tseu, connu sous le nom latinisé de Confucius, naquit dans le royaume feudataire de Lou, province actuelle de Canton, 551 ans avant Jésus-Christ. Les historiens chinois font remonter ses ancêtres jusqu'à Hoang-Ti, premier empereur des temps historiques de la Chine. Malgré cette haute origine, sa famille était dans une situation médiocre de fortune : son père, Chou-Liang-ho, était gouverneur de Tséou, ville de troisième ordre. Cet enfant fut le fruit d'un second mariage contracté à un âge avancé par son père, qui mourut avant sa naissance. Sa mère, encore jeune, l'éleva avec le plus grand soin, et quand il eut atteint sa septième année, elle l'envoya à une école publique tenue par Ping-Tchoung, sage de premier ordre, et en même temps gouverneur de la ville.

Les progrès du jeune Khoung furent rapides : il se fit remarquer par sa piété, sa modestie, sa douceur, son application, et mérita d'être choisi pour *moniteur*, fonction dont il s'acquitta à la satisfaction du maître et des élèves. On voit que l'enseignement mutuel, dont on a fait honneur chez nous au « progrès moderne », était pratiqué en Chine de temps immémorial, comme il l'est encore aujourd'hui.

A dix-huit ans, il fut pourvu d'un mandarinat subalterne qui lui donnait la surveillance des marchés publics de la ville. L'année suivante, il épousa Ki-Koan-Chi, appartenant à une ancienne famille du royaume de Soung. Il était dans sa vingtième année lorsqu'il devint père d'un enfant, qu'il nomma Pé-Yu. A cette occasion, le roi de Lou envoya un de ses officiers pour le complimenter et lui porter un cadeau. preuve de l'estime dont jouissait dès lors le jeune magistrat. Le soin avec lequel il s'était acquitté des modestes fonctions qui lui avaient été confiées lui mérita d'être élevé, cette même année, à l'emploi d'inspecteur général des campagnes du royaume de Lou. Sous son habile direction, le produit des terres augmenta, les troupeaux se multiplièrent, la paix et la prospérité revinrent dans les campagnes. Aussi, bien qu'il n'eût que vingt-quatre ans, il allait être promu à un poste plus élevé, quand il perdit sa mère.

Il est d'usage immémorial en Chine de prolonger pendant trois ans le deuil du père et de la mère, et de s'abstenir pendant tout ce temps de toutes fonctions publiques. Bien que cet usage fût alors peu observé, Confucius s'y soumit rigoureusement : il s'enferma dans sa maison, et consacra ce temps de deuil et de retraite à l'étude des King (livres sacrés), de l'histoire de son pays et de la science sociale. Il prit tant de goût pour ces études, qu'au lieu de rentrer dans les emplois publics à l'expiration de son deuil, il prolongea sa retraite pendant une année encore. Après quoi il se mit à voyager pour s'instruire des mœurs, des coutumes, des traditions, dans les divers royaumes de l'empire. Il avait alors vingt-huit ans.

Après deux années d'absence, il revint dans sa province, et, profondément affligé de la misère et des désordres dont il avait été témoin pendant ses voyages, il résolut, malgré les instances de ses proches et de ses amis, de renoncer aux fonctions lucratives et honorifiques qui l'attendaient pour se livrer à la généreuse, mais difficile tâche de rappeler à ses concitoyens leurs devoirs, et de les ramener à la prospérité par la vertu. Il fit de sa maison une sorte de lycée, où il enseigna publiquement la science sociale.

Notre sage consacra plusieurs années à cet enseignement sédendaire ; puis il recommença ses voyages à travers la Chine. pour y prêcher les saines doctrines. Il eut la douleur de constater que les enseignements de ses précédents voyages n'y avaient produit aucun fruit. Mais il fut heureux de rencontrer chez les pasteurs de la montagne Taï-Chan la paix, la prospérité, la vertu des premiers âges.

A son retour, le roi de Lou lui fit accepter les fonctions de préfet de sa capitale, et, trois ans après, celles de Ssé-Kéou, chef de la magistrature civile et criminelle, emploi qui lui donnait, après le roi, le premier pouvoir dans l'État. Quelques années suffirent au sage réformateur pour transformer le royaume en y rétablissant le bon ordre. Mais après la mort du roi, son fils n'écouta plus les instructions de Confucius qui, n'espérant plus faire le bien sous ce prince, recommença ses voyages dans les autres royaumes.

Partout il fut en butte à l'hostilité des hauts fonctionnaires qui, redoutant la réforme comme devant tarir la source de leur fortune par la suppression des abus, indisposaient les princes contre lui.

Cette dernière période de ses voyages s'était prolongée pendant quatorze ans, lorsqu'il fut rappelé par le roi de Lou. Mais, laissé sans emploi, il ne s'occupa plus qu'à enseigner ceux qui venaient l'entendre, à former de nouveaux disciples, à terminer ses ouvrages, à mettre en ordre les King (livres sacrés).

Sentant approcher sa fin, il ne songea plus qu'à se préparer à la mort. Il assembla ses principaux disciples près d'un des anciens tertres sur lesquels on offrait autrefois les sacrifices; là, se mettant à genoux, il rendit grâce au ciel de lui avoir donné assez de vie pour accomplir la tâche à laquelle il s'était voué. Il employa ses derniers jours à faire à ses disciples ses dernières recommandations; puis il s'éteignit, à la suite d'un état léthargique qui s'était prolongé pendant sept jours. Il était alors dans sa soixante-treizième année. L'un des missionnaires de Péking a résumé ainsi sa vie :

« On peut lui appliquer le mot *nemo virtuti simillimus*[1] dont on a décoré Caton, et il le mérite par sa probité, sa décence, son zèle pour la doctrine des anciens, son amour pour la vérité, la beauté de sa morale, la sagesse de sa conduite et sa fermeté dans les disgrâces et dans les revers. Soit qu'on le considère comme citoyen, comme philosophe, comme savant ou comme homme d'Etat, il est digne d'être mis au nombre des plus grands personnages. Pour ses écrits, on peut lui appliquer ce qu'on a dit d'Aristote : « *A pluribus laudatus quam intellectus*[2] ».

Nous apprenons de M. Le Play lui-même[3] qu'il est né, en 1806, au village de la Rivière, près de Honfleur, département du Calvados.

---

1. Cette citation est de Velleius Paterculus (liv. II, ch. xxxv, n° 2), mais elle n'est pas exacte; le mot *nemo* ne se trouve pas dans le texte, c'est *homo* qu'il faut lire.

2. *Mémoires sur la Chine*, t. IX, p. 349 (1783).

3. Nous avons puisé nos renseignements dans la 2° édition des *Ouvriers européens*, t. Ier, p. 17 et *passim*.

Il passa ses premières années à la campagne, se livrant avec les enfants de son âge à tous les exercices de la vie en plein air, si favorable à la santé du corps et de l'âme. Aussi a-t-il conservé toujours une prédilection pour la vie rurale : la vue des villes a toujours produit sur lui « une impression fâcheuse » et ne lui a jamais fait oublier « le charme de la forêt, des vergers et des rivages du pays natal. » Ayant perdu son père, en 1811, une sœur de ce dernier, richement mariée et n'ayant pas d'enfant, le demanda à sa mère et le garda près d'elle à Paris jusqu'en 1815, époque à laquelle sa tante, devenue veuve à son tour, le rendit à sa mère. Il avait commencé ses études à Paris, dans un externat : il les continua seul et sans répétiteur chez sa mère jusqu'à l'année 1818. Il entra alors au collège du Havre; y resta jusqu'à la fin de l'année scolaire de 1822; acquit le diplôme de bachelier ès lettres.

On lira avec un grand intérêt, au tome Ier des *Ouvriers européens*, les pages charmantes dans lesquelles il rend compte des impressions de ses premières années; de cette éducation domestique, de ces enseignements donnés au foyer de la famille par les parents et leurs commensaux habituels.

Entré à l'école polytechnique en 1825, admis à l'école des mines en 1827, il subit l'année suivante à cette dernière école des examens brillants qui lui valurent d'être mandé par le directeur général des ponts et chaussées et des mines, qui le félicita de son application et de ses succès [1]. Ce fut à cette époque, de mai à novembre 1829, qu'il exécuta son premier voyage d'exploration; il visita les mines, les usines et les forêts des régions comprises entre la Moselle, la Meuse le Rhin, la mer du Nord, la Baltique, les montagnes d'Erzgebirge, de

---

[1]. *À Monsieur F. Le Play, élève des mines.*

« Paris, le 15 juin 1829.

« Monsieur, le conseil supérieur de l'École des mines m'a donné connaissance des succès infiniment remarquables que vous avez obtenus dans le dernier concours. Il m'annonce que, bien que vous n'ayez que deux années d'études, vous vous trouvez en tête de la liste des élèves et que vous avez acquis, en points de mérite, 5,797, nombre auquel, depuis la fondation de l'École, n'a jamais atteint aucun élève, même de quatrième année; il ajoute que ces résultats sont dus à votre application non interrompue et à votre conduite exemplaire. J'ai vu avec un grand plaisir un témoignage aussi honorable pour vous. Je me plais à vous féliciter, monsieur, et à vous en exprimer toute ma satisfaction. J'ai voulu vous en donner d'ailleurs une marque particulière en faisant mettre à votre disposi-

la Thuringe et du Hundzruck. Ce voyage, dit M. Le Play « fut un de mes plus précieux moyens d'instruction. »

À dater de ce moment, tout en poursuivant de la manière la plus brillante sa carrière d'ingénieur des mines, il ne perdit plus de vue l'étude de la science sociale.

Il se préparait à faire un voyage en Espagne, lorsqu'une explosion survenue au laboratoire de l'école des mines pendant l'hiver de 1830, à l'occasion d'une expérience dangereuse dont il avait été chargé, lui fit subir des brûlures qui mirent sa vie en danger et lui ôtèrent l'usage de ses mains pendant dix-huit mois. De même que Confucius l'avait fait pendant son deuil, M. Le Play employa ce temps d'inaction forcée à méditer sur la souffrance et les désordres de ses contemporains et sur les moyens d'y porter remède. C'est ainsi qu'un événement fortuit et douloureux décida de la carrière des deux réformateurs et en fit une œuvre de dévouement social.

Désormais, dans tous les voyages qu'il entreprit et dans toutes les missions qui lui furent confiées, soit pour le service de l'Etat, soit au sujet d'entreprises scientifiques et techniques pour lesquelles des gouvernements étrangers demandèrent son concours, M. Le Play se proposa un double but : pratiquer consciencieusement ses fonctions d'ingénieur ; poursuivre, par l'observation méthodique des faits, l'étude des conditions naturelles de la sociabilité humaine.

Pendant les huit années qui s'écoulèrent depuis sa guérison jusqu'à sa nomination à la chaire de métallurgie de l'école des mines, il accomplit huit voyages dans le centre et le midi de l'Espagne, en Biscaye et en Catalogne, en Belgique, en Angleterre, dans la Russie méridionale, en Italie, dans le nord et dans le midi de la France. Il recueillit dans ses voyages des renseignements nombreux et précieux pour la science sociale, sans parler des connaissances métal-

---

tion plusieurs ouvrages, au nombre desquels se trouvent les *Voyages minéralogiques et géologiques*, de M. Beudant, et la *Richesse minérale*, de M. Villefosse. J'ai pensé que vous mettriez d'autant plus de prix à ces ouvrages que vous y rattacherez toujours le souvenir de vos succès.

« Recevez, etc.

« Le directeur général des ponts et chaussées et des mines,

« *Signé :* Becquey. »

La minute de cette lettre a été retrouvée dans les archives de l'ancienne direction générale des ponts et chaussées et des mines, par M. Cheysson, directeur des cartes et plans au ministère des travaux publics.

lurgiques qui le mirent à même d'écrire diverses œuvres qui font autorité en cette matière : Les *Observations sur l'histoire naturelle et la richesse minérale de l'Espagne*, la *Description des procédés métallurgiques employés dans le pays de Galles, pour la fabrication du cuivre* ; l'*Exploration des terrains carbonifères du Donetz* (Russie), et plusieurs autres travaux publiés dans des ouvrages spéciaux et dans les *Annales des mines*.

La vie publique de M. Le Play a été des plus honorablement remplies : professeur à l'école des mines, directeur de cette école, inspecteur général des mines, conseiller d'Etat, sénateur. Il fut commissaire général aux expositions universelles de Paris et de Londres, en 1855, 1862, 1867. La révolution de 1870 le rendit à la vie privée. Depuis lors, resté sans emplois publics, il s'est livré exclusivement à ses importants travaux sur la science sociale.

A peine échappés des collèges, les politiciens imberbes de notre temps « ne considèrent plus leur pays, disait Burke, que comme une carte blanche sur laquelle ils peuvent griffonner à plaisir. » Ce ne fut qu'après des voyages multipliés, des investigations patientes, de longues méditations, que notre éminent penseur se décida à livrer à la publicité les renseignements qui s'induisaient des faits qu'il avait observés.

Sainte-Beuve a dit de M. Le Play qu'il est « un esprit exact, sévère, pénétrant, exigeant avec lui-même. » Il faut ajouter qu'il est surtout un cœur droit, cherchant partout le vrai, ne tenant pour conforme à la raison que ce qui est conforme à la justice. Etranger à toute préoccupation de lucre et de vaine gloire, il a renoncé à tirer profit de la vente de ses écrits, estimant, comme on le pensait autrefois, que la véritable noblesse consiste « à servir la société de sa personne et de son bien » : il s'est voué à la réforme sociale, parce que le dévouement au bien public est dans sa nature. C'est un sage, mais un sage modeste, qui n'a pas la prétention d'avoir inventé la sagesse. Il sait que la sagesse est éternelle, qu'elle est la santé de la société, que la véritable civilisation est la somme de sagesse fournie par les âges antérieurs ; et il pense, comme Sénèque l'a pensé de son temps, que si la société moderne ne s'est pas effondrée déjà sous le poids de ses vices, nous le devons à ce qui subsiste encore des œuvres de sagesse de nos ancêtres.

III

LA DOCTRINE DE CONFUCIUS. — L'OEUVRE DE M. LE PLAY.

Les Européens considèrent généralement Confucius comme le fondateur de la religion officielle des Chinois et comme le législateur de leur vaste empire. Ils appellent cette religion le *Confucianisme*, et ils donnent aussi ce nom à l'ensemble des enseignements moraux, philosophiques et politiques de ce sage. comme s'il s'agissait de doctrines qu'il eût inventées et que les Chinois n'eussent pas connues avant lui. C'est là une erreur contre laquelle protestent tous les documents historiques et tous les écrits de Confucius lui-même.

La vérité est qu'il n'a rien inventé et qu'il n'a rien voulu inventer. Il n'a donné à la Chine ni une religion, ni un code, ni une philosophie nouvelle ; il n'a fait que remettre en honneur et en pratique l'ancienne doctrine et les lois fondamentales de son pays. Il a été le réformateur de ses concitoyens : il n'a jamais prétendu à un autre titre, et celui-là suffit certainement pour son illustration.

« Je ne vous enseigne rien, disait-il à ses disciples, que vous n'apprissiez de vous-mêmes, si vous faisiez un légitime usage des facultés de votre esprit. Rien de si naturel, rien de si simple que cette morale dont je tâche de vous inculquer les maximes salutaires [1]. » Au ministre du roi de Lou, qui lui demandait quelle était sa doctrine, il répond : « Ma doctrine est celle que tous les hommes doivent suivre ; c'est la doctrine d'Yao et de Chun. Quant à ma manière d'enseigner, elle est toute simple : Je cite en exemple la conduite des anciens ; je conseille la lecture des King (livres sacrés), et j'exige qu'on s'accoutume à réfléchir sur les maximes qu'on y trouve. » A la fin de sa vie, un jour qu'il gémissait des oppositions

---

[1]. Pour éviter la multiplicité des renvois, nous prévenons que toutes les citations dont nous n'indiquons pas la source sont empruntées à la belle *Vie de Confucius*, par le P. Amiot, en 1 vol. in-4°, qui est le douzième de la collection des *Mémoires sur la Chine*, par les missionnaires de Péking, publiés successivement de 1776 à 1816, en 16 vol. in-4°.

qu'il rencontrait, son disciple Tseu Koung lui dit : « Maître, votre doctrine contrarie les penchants de la plupart des hommes. Ne pourriez-vous pas trouver quelque moyen d'adoucir ce qu'elle a de trop sévère ? Vous seriez alors mieux écouté, et vos travaux ne seraient pas tout à fait inutiles. — Vous vous trompez, répondit le sage, je n'exige des hommes que ce qu'il faut en exiger ; la doctrine que je tâche de leur enseigner, est celle que nos ancêtres ont enseignée et qu'ils nous ont transmise. Je n'y ai rien ajouté et je n'en retranche rien. Je la transmets à mon tour dans sa pureté primitive. Elle est immuable : c'est le Ciel lui-même qui en est l'auteur. »

Nous apprenons donc de Confucius lui-même, non seulement qu'il n'a rien inventé, ni rien voulu inventer, mais encore, qu'en ce qui concerne les lois de l'ordre moral, il n'y a rien à inventer, rien à ajouter, rien à retrancher, et que ces lois sont immuables et révélées.

Dans un livre sur l'*Origine de la véritable doctrine chinoise* (*Yuen tao teng pien*), un lettré fort savant, qui fut censeur général de l'empire, Han Yu, mort l'an 824 de notre ère, établit ainsi la tradition de cette doctrine : « Yao (2,100 ou 2,200 ans avant Jésus-Christ, d'après le P. Gaubil) transmit à Chun la doctrine qu'il avait apprise des anciens ; de Chun, cette doctrine passa sans altération jusqu'au grand Yu, fondateur de la première de nos dynasties ; du grand Yu, elle passa jusqu'à Tcheng Tang, fondateur de la dynastie des Chang, lequel la fit passer, à son tour, jusqu'à Wen Wang et Tchéou Koung, ces illustres chefs de la troisième dynastie ; par les soins de Tchéou Koung, elle fut conservée dans toute sa pureté jusqu'au temps où Confucius, par ses écrits immortels, par ses exhortations et par ses exemples, la fit briller d'un éclat que tous les siècles à venir ne sauraient effacer de la mémoire des hommes [1]. »

Le rôle qu'a joué Confucius en Chine est donc historiquement bien établi : il a été le conservateur de l'ancienne doctrine et le réformateur des mœurs dans l'empire. La méthode à laquelle il eut recours pour la réformation de la société chinoise ressort aussi clairement des citations que nous venons de faire : Elle consistait à consulter les livres sacrés et la tradition ; puis à adapter les institutions, les lois et les mœurs à la loi morale émanée du *Tien*, en restaurant les saines coutumes des ancêtres, conciliées avec les mœurs, les lieux et les temps contemporains. Cette dernière condition exigeait des voya-

---

1. *Mém. des missionnaires de Péking*, t. V. p. 441 (1780).

ges d'information : « Je suis pénétré de cette vérité, disait-il, et je ne manquerai pas de mettre en pratique ce qu'elle enseigne, toutes les fois que j'en aurai l'occasion. » Il consacra, en effet, la plus grande partie de sa vie à parcourir les diverses provinces de la Chine.

La doctrine traditionnelle enseignée par Confucius est aussi claire et aussi simple que sa méthode d'enseignement.

« Le *Tien* est le principe universel; il est la source féconde de laquelle toutes choses ont découlé. Les ancêtres, sortis de cette source féconde, sont eux-mêmes la source des générations qui les suivent. Donner au *Tien* les témoignages de sa reconnaissance, est le premier devoir de l'homme; se montrer reconnaissant envers les ancêtres, est le second. Pour s'acquitter de ce double devoir et en inculquer l'obligation aux générations futures, le saint homme Fou Hi établit des cérémonies en l'honneur du *Tien* et des ancêtres; il détermina qu'immédiatement après avoir sacrifié au suprême souverain (Chang Ti), on rendrait hommage aux ancêtres; mais comme le Chang Ti et les ancêtres ne sont pas visibles aux yeux du corps, il imagina de chercher dans le ciel, qui se voit, des emblèmes pour les désigner et les représenter. »

C'était au roi du royaume feudataire de Lou que notre sage donnait ces explications. Il lui fait remarquer que l'empereur seul a le droit d'offrir des sacrifices pour toute la nation, dont le souverain seul est le père; que les princes feudataires, ne représentant que la portion du peuple qui a été confiée à leurs soins, ne prient le Chang Ti qu'au nom et pour les besoins de ceux qu'ils représentent. On voit ici une tradition manifeste du régime patriarcal, qui faisait du roi le pontife de la nation, et du père le prêtre de la famille. « Ce qui n'empêche pas, ajoute-t-il, que chacun en particulier peut et doit rendre hommage au Tien, le remercier de ses bienfaits, et lui adresser des vœux et des prières pour en obtenir de nouveaux. Mais ce ne sont pas des sacrifices proprement dits ; il n'y a que l'empereur qui ait le droit d'en offrir de tels. »

Dans cet entretien, Confucius insiste sur ce point, que c'est le suprême souverain (Chang Ti) qui est le seul objet de nos adorations : les sacrifices offerts en apparence au ciel, au soleil, à la lune, à la terre, sont réellement offerts au Chang Ti, en reconnaissance des bienfaits dont il comble les hommes au moyen de ces objets matériels. « Ainsi donc, conclut-il, sous quelque dénomination qu'on rende le culte, quel qu'en soit l'objet apparent, et de quelque nature

qu'en soient les cérémonies extérieures, c'est toujours au Chang T_i
qu'on le rend. »

Le P. Prémare [1] a constaté que les Chinois disent du Tien qu'il est
Tséi Yeou (*l'être existant par lui-même*), Tou Yeou (*l'être tout être*);
qu'il est simple, immuable, bon, miséricordieux, puissant, juste,
sage ; qu'il a tout fait, qu'il a soin de tout, qu'il voit tout, qu'il punit
et récompense ; qu'il est un pur esprit, la vérité, la vie, qu'il est roi,
seigneur et père. Tous ces attributs sont clairement désignés dans les
King (livres sacrés), réédités et commentés par Confucius, qui en a
fait la base de son enseignement.

Après le culte dû à Dieu, vient, dans les enseignements du réformateur chinois, le culte de la *seconde majesté*. Cette qualification qu'on
a donnée au souverain, n'est nulle part aussi exacte qu'à la Chine.
On lit dans le Li Ki (livre des rites) : « L'empereur est le fils du Ciel
suprême, c'est de lui qu'il reçoit l'empire et un pouvoir souverain
sur les peuples, pour les instruire et les gouverner, les récompenser
et les punir. Voilà pourquoi l'empereur prend le titre de Tien Tsée
(*fils du Ciel*). » Le Chou King (livre des annales) dit encore : « Le
Tien, pour aider et assister les peuples, leur a fait des princes, leur
a fait des instituteurs. Les uns et les autres sont les ministres du
Chang Ti (suprême souverain) pour aimer et pacifier l'univers, punir
les coupables et récompenser les bons. » Le commentateur Tchou Hi
ajoute : « Les princes et les chefs ou instituteurs possèdent à eux
seuls la puissance; ils sont *la gauche et la droite* du Chang Ti pour
rendre l'univers paisible et heureux. »

Cette doctrine des King, enseignée par Confucius, est ainsi com-
mentée par l'un de ses disciples : « L'homme étant un être raison-
nable, est fait pour vivre en société : nulle société sans gouvernement, nul gouvernement sans subordination, nulle subordination
sans supériorité. La légitime supériorité, cette supériorité antérieure
à l'établissement des conditions sociales, n'est accordée qu'à la naissance ou au mérite. »

A ce sujet, G. Pauthier, qui ne saurait être suspecté d'absolutisme,
fait des observations que nous devons mettre en lumière : « Il est
donc admis en principe par le livre sacré chinois que le Ciel ou
l'Être suprême confère des pouvoirs et une mission particulière à
certains individus de la société humaine pour gouverner et instruire

1. Voir *Lettres édifiantes*, t. XXI, p. 179 et 180, édit. de Toulouse, 1811.

cette même société, pour la rendre paisible et heureuse et pour exercer la justice divine en punissant les méchants et récompensant les bons. Ce principe est contraire, en apparence, à celui dont le règne est commencé en Europe, de l'*égalité des droits*. Mais nous devons avouer (c'est presque à regret que nous le disons) qu'il y a peut-être plus de vérité, et par conséquent plus de moralité dans le premier, entendu, comme l'ont toujours entendu les Chinois, de l'emploi et de l'élévation de tous les talents, de toutes les aptitudes pour gouverner la société, quels que soient leur rang et leur fortune [1]. »

Mais le sage de la Chine ne se borne pas à consacrer les droits de la souveraineté, il en définit les devoirs. L'un des plus importants, à son avis, c'est le choix de ses agents. C'est par eux que le souverain accomplit le mandat qu'il tient du Ciel; ce sont eux qui font aimer ou haïr le gouvernement; ils propagent le bien ou le mal, selon qu'ils sont capables et vertueux ou bien vicieux et incapables. Il veut donc qu'on instruise, qu'on dirige, qu'on surveille attentivement les fonctionnaires et qu'on réprime leurs écarts, non seulement en ce qui concerne les obligations spéciales de leurs fonctions, mais encore quant à la vie privée et aux devoirs sociaux. « Ceux qui méritent punition, dit-il, une punition sévère, ce sont les grands quand ils donnent de mauvais exemples; ce sont les magistrats supérieurs qui n'ont pas exigé de leurs subalternes qu'ils instruisissent le peuple; ce sera vous, ce sera moi, si, dans le poste que nous occupons, nous manquons à nos devoirs : si nous n'exigeons pas de ceux qui sont en place qu'ils accomplissent leurs devoirs respectifs. User d'indulgence envers ceux-ci et agir avec rigueur envers ceux de la classe inférieure du peuple, c'est être injuste; c'est aller directement contre la droite raison. »

« Gardez-vous bien par-dessus tout, disait-il au roi de Lou, de confier le maniement des affaires et d'admettre auprès de votre personne ceux *qui agissent avec précipitation*, ceux *qui n'ont aucun système fixe* et ceux *qui sont enclins à parler beaucoup*. Ces trois espèces d'hommes, eussent-ils d'ailleurs les talents les plus estimables, ne sont pas propres au gouvernement, et un souverain ne peut, sans courir les plus grands risques, les admettre près de sa personne. »

Il tenait que la rectitude est la principale qualité du souverain. « J'entends par *rectitude*, disait-il au même prince, cette qualité

---

1. La *Chine*, 1re partie, p. 74; l'*Univers pittoresque*, Asie, t. Ier.

d'esprit et de cœur qui met celui qui la possède dans l'heureuse disposition non seulement de ne rien imaginer, de ne rien désirer, de ne rien faire qui soit contraire aux lumières de la raison et au bien général ou particulier de la société, mais encore de penser, de vouloir et d'agir, dans quelque circonstance que ce puisse être, conformément à ces lumières, en se proposant pour but l'avantage réel commun préférablement à ses propres intérêts, sans vouloir se faire illusion à soi-même, ni chercher à en imposer aux autres. »

Pour éclairer les gouvernants sur les réformes nécessaires, Confucius recommandait, et il avait mis lui-même en pratique, le système des enquêtes. Ce moyen d'information fut établi officiellement plus tard par l'empereur Wen Ti. On lit dans la *déclaration* qu'il fit publier à ce sujet : « Voici à quoi peut se réduire ce qu'il y a d'essentiel à examiner : 1° mes fautes journalières et mes défauts personnels ; 2° les défauts du gouvernement présent ; 3° les injustices des magistrats ; 4° les besoins des peuples. Expliquez-vous sur tous ces points dans un mémoire fait exprès ; je le lirai, et je verrai en le lisant si votre zèle à m'aider de vos lumières va jusqu'où il doit aller. Je jugerai que ce zèle est véritable si, au commencement, dans toute la suite et jusqu'à la fin de votre mémoire, vous parlez avec liberté sans épargner ma personne [1]. » Sous la première dynastie, ces enquêtes se faisaient sur place, dans chacun des royaumes feudataires, par le prince lui-même. Un proverbe de cette époque dit : « Si notre roi ne visite pas le royaume, comment recevrons-nous ses bienfaits ? Si notre roi ne se donne pas le plaisir d'inspecter le royaume, comment obtiendrons-nous des secours [2] ? »

Mais le point de départ de la science sociale, d'après *le sage par excellence* de la Chine, c'est le perfectionnement de soi-même : « Depuis l'homme le plus élevé en dignité jusqu'au plus humble et au plus obscur, devoir égal pour tous : corriger et améliorer sa personne, ou *le perfectionnement de soi-même*, est la base fondamentale de tout progrès et de tout développement moral [3]. » — « La règle de conduite morale qui doit diriger les actions est tellement obligatoire que l'on ne peut s'en écarter d'un seul point, un seul instant... Le perfectionnement qui consiste à employer tous ses efforts pour décou-

---

1. Traduction du P. Hervieu, cité par Pauthier, la *Chine*, t. Ier, p. 240.
2. Meng Tseu. Les *Quatre livres de philosophie morale et politique de la Chine*, traduction G. Pauthier, p. 269.
3. Ta Hio. § 6, *ibid.*, p. 46.

vrir la loi céleste, le vrai principe du mandat du ciel, est la loi de l'homme[1]. » — « Faites le bien, disait-il à ses disciples, faites le bien en tout temps, en tout lieu, dans toutes les circonstances où vous pourrez le faire ; vous serez, n'en doutez pas, vertueux et sages. Faites le bien pour lui-même. sans aucun motif d'intérêt personnel. »

Il représente le mal comme un grand arbre ayant cinq branches principales. La première est celle de l'intérêt personnel : c'est le vice des personnes prises individuellement. La seconde branche porte le venin qui infecte les familles ; les vieillards y sont méprisés, les jeunes gens y dominent : c'est le renversement de l'ordre. La troisième, c'est la branche du mauvais choix des gouvernants et des fonctionnaires ; elle s'étend sur les royaumes pour les perdre. La quatrième étouffe de son ombre les lois fondamentales, les coutumes, les mœurs : c'est la branche de la dépravation. Sous l'ombre de la cinquième branche, tous les vices se montrent avec impudence ; on s'y livre sans remords et la vertu est bafouée : c'est la branche de la perversion totale.

À cet envahissement progressif du mal. Confucius oppose ce que les Chinois appellent le *Grand Ly*, c'est-à-dire l'ensemble des devoirs. « C'est sur le grand Ly, dit-il, que la société est fondée ; c'est par le grand Ly que l'homme s'acquitte, avec la différence qui convient, envers le ciel, les esprits, les ancêtres ; c'est le grand Ly qui lie les hommes entre eux, en leur assignant ce qu'ils se doivent les uns aux autres. Otez le grand Ly, tout sur la terre n'est plus que trouble et confusion. Il n'y a plus ni rois, ni grands, ni supérieurs, ni inférieurs ; les jeunes et les vieux, les hommes et les femmes, les pères et les enfants, les frères et les sœurs, tous sans distinction iront de pair. » Ne dirait-on pas que ce grand homme avait eu l'intuition du mal qui tourmente et met en péril de nos jours la société européenne ?

Il a résumé ainsi lui-même son enseignement : « Tout ce que je vous dis, nos anciens sages l'ont pratiqué avant nous ; et cette pratique qui, dans les temps reculés, était universellement adoptée, se réduit à l'observation des trois lois fondamentales de relations entre les souverains[2] et les sujets, entre les pères et les enfants, entre

---

1. Tchoung Young. *Ibid.*, p. 69 et 92.
2. Sous cette expression est compris Dieu, auquel les Chinois donnent aussi le titre de *Ti*. « Ce titre, le *souverain de la Chine* "a en partage avec le *souverain*

l'époux et l'épouse, et la pratique exacte des cinq vertus capitales qu'il suffit de nommer pour vous faire comprendre leur excellence et la nécessité de les exercer : c'est l'*humanité*, c'est-à-dire cette charité universelle entre tous ceux de notre espèce, sans distinction ; c'est la *justice*, qui donne à chaque individu ce qui lui est dû, sans favoriser l'un plutôt que l'autre ; c'est la *conformité aux rites prescrits et aux usages établis*, afin que ceux qui forment la société aient une même manière de vivre et participent aux mêmes avantages comme aux mêmes incommodités : c'est la *droiture*, c'est-à-dire cette rectitude d'esprit et de cœur qui fait qu'on cherche en tout le vrai et qu'on le désire sans vouloir se donner le change à soi-même ni le donner aux autres ; c'est enfin la *sincérité* ou la *bonne foi*, c'est-à-dire cette franchise, cette ouverture de cœur, mêlée de confiance, qui excluent toute feinte et tout déguisement, tant dans la conduite que dans le discours. »

Les doctrines de Confucius étant peu connues et ayant été souvent défigurées, nous avons dû produire des textes ; un simple résumé eût pu être contesté. Il résulte avec évidence de ces nombreuses citations que le célèbre restaurateur de la nation chinoise avait bien compris tous les éléments de ce que M. Le Play nomme la *constitution essentielle*, et qu'il repoussait aussi nettement que lui les quatre grandes erreurs qui ont infecté la société européenne, à savoir : « la bonté native de l'homme, l'égalité absolue, la liberté systématique, la souveraineté du peuple. » À la revendication des prétendus *droits de l'homme*, il oppose la loi générale, primordiale, permanente du devoir social, qu'il appelle « une contribution *volontairement nécessaire*, faite libéralement, avec affection et toujours à propos ». Il a résumé tout ce qui a trait à ce grand devoir dans son *livre sur la piété filiale* (*Hiao King*), qu'il recommanda particulièrement à son disciple Tseng Tseu comme renfermant les principes sur lesquels sont fondées la stabilité et la prospérité des nations.

C'est en invoquant l'autorité de Confucius que le célèbre Kiéou Sun, dans son ouvrage sur le gouvernement de la Chine (*Ta hio yen y pou*), démontre qu'on peut juger de la durée d'un État par la doctrine qui y domine, et que l'altération de la doctrine de l'antiquité a été dans tous les siècles la première cause des troubles et des révo-

du ciel mais on donne à celui-ci la qualification de *Suprême* (Chang) ; le *souverain* de la Chine est donc subordonné au *souverain suprême* du ciel. » (Pauthier la *Chine*, t. Ier, p. 26.)

lutions qui ont fait crouler les plus belles dynasties. Parce que de l'altération de la doctrine suit la diversité des opinions ; de la diversité des opinions, la liberté de penser ; de la liberté de penser, le mépris des vérités les plus essentielles, le libertinage de cœur et d'esprit, la corruption générale des mœurs, et tous les désordres qui relâchent ou brisent tous les liens de la société [1].

Pour résumer ce que nous venons de dire de l'enseignement de Confucius, nous ne saurions mieux faire que de laisser parler l'auteur de sa vie : « Ce sage, en renouvelant dans l'esprit de ses compatriotes le souvenir de la doctrine enseignée par les premiers législateurs de leur vaste monarchie, fit tous ses efforts pour les faire rentrer dans le sentier de la vertu dont ils s'étaient écartés ; leur expliqua les règles immuables de la morale ; forma une nombreuse école pour continuer l'enseignement après lui, et composa des ouvrages dans lesquels, tant que dureront les siècles, on pourra s'instruire dans l'art de bien gouverner les peuples, de maintenir le bon ordre dans les familles et de régler son propre cœur [2]. »

On a pu juger déjà, par ce que nous avons dit de l'état social à notre époque (§ 1), que l'œuvre entreprise par M. Le Play est bien plus compliquée que ne le fut la tâche de Confucius. Il ne s'agit plus aujourd'hui seulement de rappeler à nos contemporains des vérités oubliées, de saines pratiques tombées en désuétude, et de les faire rentrer dans le sentier de la vertu : il faut en outre et avant tout remettre en crédit des vérités essentielles qui sont formellement niées, et détruire des erreurs très pernicieuses qui ont pris dans les intelligences la place de ces vérités. Si, au temps de Confucius, la méconnaissance des devoirs était devenue presque universelle, au moins n'y avait-il point de sectes qui enseignassent dogmatiquement l'erreur. Chez nous, « pour revenir au vrai et au simple, il faut préalablement étudier l'erreur sous ses nombreux aspects ; il faut ensuite démontrer que sous ses diverses formes, elle blesse tous les intérêts, dans la vie pubique comme dans la vie privée [3]. »

On ne rencontrait pas non plus chez les Chinois cet antagonisme

1. *Mém. des missionnaires de Péking*, t. IX, p. 426 (1783).
2. Le P. Amiot. *Vie de Confucius*, p. 2.
3. M. Le Play. La *Paix sociale*, p. 74.

haineux qu'on voit régner chez nous entre les diverses classes
sociales ; car il n'y a pas de classes en Chine. Il n'y avait rien qui
ressemblât à nos partis politiques à l'état permanent de guerre, partis
que M. Le Play range en deux catégories : les hommes de *nouveauté*
et les hommes de *tradition*. Si les hommes de tradition méritaient
réellement ce titre, ils seraient d'un précieux secours pour la restauration de l'ordre social. Mais, « ébranlés à leur insu par l'instabilité
des régimes qui se succèdent depuis 1789, ils tombent parfois dans
l'erreur. Ils ne connaissent plus les anciennes coutumes qui assuraient la paix sociale aux grandes époques de prospérité ; et, s'ils
se montrent attachés au passé, c'est par esprit de système plus que
par conviction raisonnée [1]. »

Un autre obstacle, qui n'est pas le moins sérieux, se rencontre
dans la législation en vigueur. Inspirée par les erreurs antisociales
qui oppriment notre époque et qu'il s'agit surtout de détruire, elle
leur sert de point d'appui, et elle les maintient dans les faits, alors
même qu'elles sont ébranlées ou détruites dans les esprits.

M. Le Play n'a pas reculé devant ces obstacles, sans pourtant se
dissimuler les difficultés de la tâche qu'il s'imposait. « Je n'espère
pas, dit-il, que, dans un pays divisé par la discorde et ravagé par
onze révolutions, beaucoup d'hommes soient disposés à reconnaître
tout d'abord l'évidence produite par les faits contraires à leurs opinions politiques ou religieuses. Toutefois, j'ai eu confiance dans
l'efficacité de la méthode scientifique, qui fonde la vraie science sur
l'observation des phénomènes sociaux [2]. »

C'est donc à la *méthode d'observation* que l'éminent penseur a
recours pour restaurer la science sociale : tous ses nombreux et
importants travaux sur cette science, si peu et si mal connue de nos
jours, sont le fruit de trente-cinq années de voyages et de patientes
investigations.

Cette méthode a été critiquée : nous l'avons justifiée ailleurs [3], et
nous croyons avoir démontré qu'elle est, dans l'état présent des
esprits, la plus efficace. M. Le Play n'a jamais entendu la mettre en
opposition avec l'enseignement doctrinal, et il déclare que l'application qu'il en fait est « un simple remède opposé à la maladie dangereuse des races qui se compliquent sans se perfectionner ».

1. M. Le Play. La *Méthode sociale*, p. 8.
2. *Ibid.*, p. 11.
3. *Annuaire de l'économie sociale*, t. V, 3e partie (1880).

Confucius ne dédaignait pas l'enseignement doctrinal, puisqu'il recommandait la lecture des livres sacrés, et qu'il avait consacré une grande partie de sa vie à les expurger et à les commenter : cependant il eut recours à la méthode d'observation et d'imitation, parce qu'il avait constaté que l'enseignement doctrinal n'avait pas de prise sur le plus grand nombre. « On peut forcer le peuple à suivre les principes de la justice et de la raison, disait-il ; on ne peut pas le forcer à les comprendre[1]. »

Il avait fait l'expérience que les effets extérieurs de la pratique du bien, quand ils sont constatés et manifestés, avaient toujours pour résultat d'émouvoir les cœurs, de pénétrer par là dans les esprits, et de produire une conversion, c'est-à-dire le retour à la pratique du bien : aussi prenait-il toujours pour thème de ses leçons les faits de la vie sociale ou les phénomènes du monde visible.

On ne saurait prétendre que les vérités de l'ordre moral soient sans connexion avec les faits. « La morale a sa source en métaphysique et son résultat en pratique. Elle est le nœud d'où les deux questions se détachent, car la morale remonte par l'ontologie pour trouver sa raison en Dieu, et redescend par l'économique pour retrouver son application sur la terre[2]. »

C'est par la pratique des vérités simples et évidentes qu'on arrive à l'intelligence des vérités d'un ordre plus élevé. Saint-Grégoire, pape, l'entendait ainsi quand il disait que quiconque veut comprendre l'enseignement qu'on lui donne, doit commencer par mettre en pratique ce qu'il a compris de l'enseignement qu'il a déjà reçu[3]. Ainsi se trouvent justifiés à la fois, et le mode d'enseignement par les faits, et la précaution judicieusement prise par M. Le Play de se borner à exiger d'abord la mise en pratique des principes simples, fondamentaux, faciles à comprendre et universellement admis, qui sont « monumentés dans le Décalogue ». On dit que, depuis la Révolution, trente mille lois ont été promulguées en France : pour les rendre à peu près superflues, il suffirait de suivre les dix commandements de Dieu[4]. »

L'application de la méthode d'observation a eu pour M. Le Play lui-même un résultat décisif. « Je suis arrivé tout naturellement, dit-il, à une précieuse découverte : c'est que, pour guérir les souf-

---

1. Le Lun-Yu. Les *Quatre livres de la philosophie de la Chine*, p. 154.
2. Blanc de Saint-Bonnet. *De la Restauration française*, p. 292.
3. 23e homélie sur les Évangiles.
4. Blanc de Saint-Bonnet. *De la légitimité*, p. 477.

francs sociales, *il n'y a rien à inventer*. Je dus entreprendre de nombreux voyages et me livrer à de longues méditations pour découvrir une vérité aussi simple ; mais dès que je commençai à l'entrevoir, je fus tout surpris de constater que j'aurais pu en trouver la démonstration à chaque page de l'histoire [1]. »

Confucius affirmait, aussi, lui. qu'il *n'avait rien inventé*, et qu'il *n'y avait rien à inventer :* qu'il fallait en revenir aux coutumes saines des temps prospères : et c'est par cette méthode. sans recourir à aucun système préconçu, sans innovation, qu'il a procuré la réforme des mœurs en Chine. — Saint-Louis, dans son instruction testamentaire, disait à son fils Philippe : « Maintiens les bonnes coutumes de ton royaume et corrige les mauvaises... maintiens les franchises et libertés, telles que les anciens ont gardées, et les tiens en faveur et amour. » Tant il est vrai que c'est là un des axiomes de la sagesse de tous les sages, de tous les peuples, de tous les temps !

Or, le moyen de corriger les mauvaises coutumes et d'améliorer les bonnes, c'est d'étudier et d'imiter les meilleures coutumes des peuples anciens et des contemporains. Aussi M. Le Play résume-t-il très bien en deux mots sa méthode. quand il l'appelle méthode de *Restauration et d'Imitation*. « Il est facile, dit-il. de juger les deux méthodes de réforme par les résultats qu'elles ont produits. En France. depuis un siècle, la *méthode d'invention*, fondée sur des idées préconçues, prétend façonner l'humanité d'après un idéal fictif et arbitraire : en fait, elle la mutile ; elle provoque bientôt de légitimes résistance‘ et elle aboutit à des désordres sans fin. Au contraire, la *méthode d'observation* ne demande rien à l'abstraction pure. Elle ne retranche rien de l'organisme vivant et complexe des sociétés ; mais s'appuyant sur le fait bien observé, et sur l'histoire exacte, elle conclut à la restauration des bonnes coutumes du passé et à l'imitation des saines pratiques du présent [2]. »

M. Le Play est donc autorisé à dire que les vraies sources de la « réforme » sont ce qu'il nomme « les autorités sociales », c'est-à-dire cette classe d'hommes d'élite que Confucius nommait les « hommes supérieurs », que Tchou Hi appelait « le peuple du ciel [3] ».

1. Les *Ouvriers européens*, t. Ier, p. 13, 2e édition.
2. La *Réforme en Europe et le salut de la France*. p. 71.
3. « Ce sont ces hommes d'élite sans emplois publics qui donnent à la raison céleste. qui est en nous, tous les développements qu'elle comporte. On les nomme le peuple du Ciel. » (Les *Quatre livres de la philosophie de la Chine*, p. 181.)

qui, aux yeux de Platon, étaient des « hommes divins ». On les reconnaît à l'estime dont ils jouissent et à l'influence qu'ils exercent par leur vertu et par leur intelligence. C'est en consultant ces hommes, que l'on rencontre dans toutes les classes de la Société; c'est en provoquant les conseils de leur expérience et de leurs lumières, qu'on peut procéder sûrement à la réforme des abus et à l'application des bonnes pratiques.

La conclusion de tous les faits observés par l'éminent réformateur, conclusion qui devient le point de départ de son système réformiste, c'est qu'il y a pour toute société humaine une constitution *essentielle* dérivée de la nature même de l'homme, et qui s'impose à toute société qui veut être prospère. C'est bien là ce devoir social *volontairement nécessaire*, comme le dit Confucius; car toute société se propose instinctivement pour but la prospérité, la paix, la durée.

La loi de Dieu, ou le Décalogue; l'autorité paternelle; la religion; la souveraineté; la propriété foncière sous ces trois formes, communauté, propriété individuelle, patronage. sont les éléments essentiels de cette constitution. Les deux premiers sont antérieurs à toute société civile et, par conséquent. prédominent sur toute législation civile, parce que, comme le remarque Aristote[1], l'homme a été créé avant tout pour la vie en famille, et que la famille est plus nécessaire que la société civile : les autres peuvent recevoir, selon les lieux. les aptitudes, les besoins légitimes des peuples, une organisation différente, qui différentie les constitutions nationales entre elles. Mais quelles que puissent être ces différences, elles ne doivent jamais aller jusqu'à violer ce qui est de l'essence même de la religion et de la souveraineté, non plus que ce qu'il y a d'essentiel dans les droits et les devoirs de la propriété. sous peine de rendre la constitution absolument incapable d'assurer au peuple qu'elle est appelée à régir, l'ordre, la propriété et la durée.

« La France, dit M. Le Play, est probablement entre les nations prépondérantes de l'Europe, celle où l'on trouve le plus d'erreurs et de préjugés. C'est aussi l'une de celles où les institutions des temps de prospérité ont été le plus faussées par les abus de l'ancien régime et par les imprudentes nouveautés de la Révolution. » Ces erreurs et ces préjugés, qui nous ont placés en dehors de la constitution essentielle, et qui sont le principal obstacle à la réforme, il les combat

1. ΠΟΛΙΤΙΚΩΝ, liv. VIII, ch. XI.

énergiquement et victorieusement. « Ce que j'admire surtout en lui, écrivait Montalembert, c'est le courage qui lui a permis de lutter à visage découvert contre la plupart des préjugés dominants de son temps et de son pays [1]. »

Les disciples de Confucius ont dit de leur maître « qu'il était complètement exempt d'amour-propre, de préjugés, d'obstination et d'égoïsme ». On le peut dire aussi de M. Le Play, en ajoutant qu'il possède au plus haut degré cette droiture, cette *rectitude* que le sage de la Chine considérait comme la première qualité du chef de l'État, et qui est également la vertu la plus essentielle à un réformateur. Confucius dit à ceux qui servent le souverain : « Ne l'abusez pas, et résistez-lui dans l'occasion ». Ainsi fait M. Le Play : l'opinion publique est aujourd'hui une souveraine égarée qu'il faut désabuser, et à laquelle il faut résister, tant qu'elle persistera dans ses erreurs.

Les bornes dans lesquelles nous devons nous renfermer ne nous permettent pas d'analyser, même succinctement, les réformes proposées par l'éminent publiciste. Nous devons au moins constater que le point sur lequel il revient avec le plus d'insistance dans tous ces ouvrages, c'est la bonne organisation de la famille. Ce fut aussi la préoccupation dominante de Confucius, qui résuma tout son enseignement dans son livre sur la *Piété filiale*. Sous un autre titre, l'*Autorité paternelle*, M. Le Play développe les mêmes doctrines. Il considère la famille comme « un petit monde complet », et, comme le philosophe chinois, il fait dépendre le bon gouvernement de l'État du bon gouvernement de la famille. « Le père de famille est le principal agent de l'ordre social. Pour accomplir sa tâche, il a deux grands moyens d'action : il continue et améliore de son vivant les bonnes traditions des ancêtres par son exemple et ses leçons ; il se survit en quelque sorte, à lui-même en déléguant à un héritier judicieusement élevé et choisi avec soin la mission de transmettre aux descendants la pureté des mœurs, la dignité des manières et les autres qualités de sa race [2]. »

Dans toute société bien réglée, le pouvoir paternel est prépondérant et honoré ; il a pour sanction le droit de correction, la liberté d'enseignement et la liberté testamentaire. La déférence et le respect

1. Lettre du 8 janvier 1866.
2. L'*Organisation de la famille*, p. 8.

dont sont entourés le père et les vieillards sont un symptôme certain de la régularité et de la fermeté des mœurs : les nôtres sont bien loin de présenter ce caractère. « La déchéance de l'âge mûr et de la vieillesse est un des traits les plus apparents des mœurs modernes de la France ; elle entraine, à divers points de vue, les conséquences les plus fâcheuses [1]. »

« La présomption, la hardiesse, le défaut de prévoyance, le peu d'attention sur soi-même, sont les principales causes des écarts que font les jeunes gens. Enflés de leur petit mérite, à peine ont-ils quelque teinte des sciences qu'ils croient déjà tout savoir, à peine ont-ils fait quelques actes des vertus les plus communes qu'ils croient être parvenus au sommet de la plus haute sagesse. Dans cette persuasion, ils ne doutent de rien, ils n'hésitent sur rien ; ils entreprennent témérairement sans consulter les sages, les vieillards ; ils s'engagent dans une fausse route, ils la suivent avec sécurité et sans la moindre défiance ; ils s'égarent, ils échouent, ils tombent dans le premier piège qu'on leur tend. — Parmi les vieillards ou les personnes d'un âge mûr, il s'en trouve quelques-uns qui se laissant éblouir par quelques étincelles qui éclatent quelquefois dans les discours ou dans la conduite des jeunes gens, leur donnent imprudemment leur confiance ; ils pensent, parlent comme eux ; ils les suivent et s'égarent avec eux. »

Cette page est de Confucius : on la dirait écrite par M. Le Play et pour les hommes de notre époque. S'il y a quelque chose de plus triste que le manque de respect et de docilité des enfants envers leurs parents et des jeunes gens envers les vieillards, c'est assurément cette abdication volontaire des pères devant leurs enfants, et des vieillards entre les mains des adolescents qui, Cicéron l'avait remarqué, ont toujours ruiné les plus grandes républiques [2].

Au point où en sont arrivées les choses en Europe, le gouvernement des États y semble devenu un problème insoluble : les politiciens de tous les régimes ont épuisé toutes leurs habiletés et se sont usés eux-mêmes pour le résoudre, sans y avoir pu réussir. C'est qu'ils cherchent là où il n'y a rien à trouver ; ils veulent inventer,

---

1. La *Réforme sociale*, t. II, p. 88, 6ᵉ édition.
2. *De senectute*, p. 26, t. XXXIV des œuvres de l'édition Le Clerc (1827). Il cite ce passage d'une des pièces de Névius :
« Cedo, qui vestram rempublicam tantam amisistis tam cito ?...
Proveniebant oratores novi, stulti, adolescentuli. »

et ils ne veulent pas comprendre qu'en cette matière il n'y a rien à inventer. Laissant de côté les questions de forme qui divisent et passionnent les esprits, M. Le Play s'est attaché exclusivement aux conditions générales et essentielles qui mettent la souveraineté, quelle qu'en soit la forme, dans une situation où elle peut accomplir sa mission sans embarras, efficacement, paternellement et avec ampleur.

« Quand les particuliers sont soumis au Décalogue, et quand la hiérarchie provinciale pourvoit à tous leurs intérêts locaux, le souverain et les agents du gouvernement central n'ont, à vrai dire, qu'une attribution : veiller au maintien de la paix publique. Ils ont surtout une obligation : donner eux-mêmes à leurs subordonnés l'exemple de la vertu [1]. »

C'est lorsque les gouvernants et les gouvernés ont oublié la loi morale que tout gouvernement devient impossible : les gouvernés sont ingouvernables, et les gouvernants sont incapables de gouverner, parce que, comme l'a très bien dit J.-J. Rousseau, « ceux qui voudront traiter séparément la politique et la morale n'entendront jamais rien à aucune des deux ». Telle est la cause éternelle de l'instabilité, de la souffrance, de l'anarchie et des catastrophes.

Mais partout où la loi morale reprend son empire, le commandement et la subordination deviennent également faciles. Confucius l'affirmait comme l'affirme M. Le Play. « Quiconque, disait-il, sait bien gouverner sa famille, est en état de gouverner l'empire, de le bien gouverner, et de le gouverner avec autant de facilité qu'il peut en avoir à regarder dans sa main. »

L'art de bien gouverner, c'est l'art de bien vivre. « Le principe de tout bien est la loi de Dieu formulée dans le Décalogue. Il préside à la vie privée comme à la vie publique. Il est la règle suprême pour les particuliers comme pour les gouvernements. Il fournit pour juger les hommes un critérium infaillible : les bons sont ceux qui se soumettent à la loi ; les mauvais sont ceux qui se révoltent contre elle [2]. »

Ce que le réformateur contemporain dit du Décalogue, le réforma-

1. La *Réforme sociale*, t. IV, p. 299.
2. La *Réforme sociale*, t. IV, p. 143, Cicéron dit de même : « Lex Dei præclara et divina semper ; quæ recta et honesta jubet, vetat prava et turpia ; cui parentem sanctissimæ ac certissimæ legi, juste ac legitime necesse est vivere. (T. XXXV, p. 302.)

teur de la Chine le disait des King, dont l'influence bienfaisante a été
mise en lumière par les missionnaires des dix-septième et dix-
huitième siècles. « Le zèle qu'on a eu dans tous les temps pour les
King vient moins de leur ancienneté que de la beauté, de la pureté,
de la sainteté et de l'utilité de la doctrine qu'ils contiennent. Il ne
faut que les lire pour s'en convaincre et applaudir à nos lettrés de
les avoir placés au premier rang. Si l'idolàtrie a été ridiculisée tant
de fois par nos gens de lettres, si elle n'a jamais pu devenir la religion du gouvernement, quoiqu'elle fût celle des empereurs, notre
Chine le doit à ses King [1]. »

Une autre cause de l'impossibilité de fonder un gouvernement
stable, c'est l'idée fausse qu'on s'est faite de l'État, de sa mission,
de ses droits. En supprimant les fonctions de tous les corps intermé-
diaires, en concentrant entre les mains des agents de l'État l'administration de tous les intérêts de la vie publique et de la vie privée,
on a cru donner une grande force au pouvoir. On s'est trompé : on
n'a pas compris qu'en exagérant les attributions du pouvoir politique, on augmentait non pas sa force, mais sa responsabilité. Il est
impossible qu'il puisse et qu'il sache donner satisfaction aux intérêts dont il a pris la charge; les citoyens, ne voyant plus en lui qu'un
obstacle, le prennent en haine; il est devenu, par excès de pouvoir,
faible, tracassier, impuissant, odieux.

M. Le Play met en évidence tous les vices de cet état de choses;
il constate que la *bureaucratie*, qui en est le résultat, donne toujours
une excitation indirecte à l'esprit de révolution; il insiste pour la
restauration des franchises de la famille, de l'association privée, de
la commune, de la province.

L'État est un ensemble de souverainetés et de gouvernements légitimes, hiérarchiquement superposés et libres, chacun dans sa sphère.
Le souverain de la vie intime, du for intérieur, c'est la conscience;
le souverain de la famille, c'est le père; la souveraineté s'exerce
dans l'association, dans la commune, dans la province, par les man-
dataires des chefs de famille; le souverain politique est superposé à
toutes ces souverainetés, dont il doit respecter les attributions; tou-

1. *Mémoires des missionnaires de Péking*, t. Ier, p. 41 (1776). On aura remarqué
ces expressions, *nos lettrés, notre Chine*. Ces missionnaires aimaient la Chine et
les Chinois; ils étaient devenus Chinois de cœur. Ils furent aimés et considérés
en Chine. « Cil qui veult estre aymé, disait Louis XI, il fault qu'il ayme. »

tes ensemble sont subordonnées à celui que les Chinois nomment si logiquement le Suprème Souverain. Voilà l'ordre.

A l'époque où nous sommes, les trois grandes forces sociales, la religion, la science et l'État, sont dans un état violent d'opposition ; si cette situation persistait, le monde retomberait dans le chaos. Ce sera l'honneur de M. Le Play d'avoir préparé l'accord de ces trois grandes forces, en replaçant la science sociale sur ses véritables bases, l'acceptation des données fournies par la révélation, le retour aux bonnes coutumes, le respect des saines traditions, l'observation et l'imitation des pratiques éprouvées par l'expérience. Il a rendu à cette science son évidence et sa simplicité, en la débarrassant des formules arbitraires, des systèmes préconçus, des faux dogmes, imaginés par de faux savants ; il lui aura surtout rendu sa moralité, en prouvant par les faits que « tout ce qui est mal en morale est mal encore en politique. » Nous pouvons donc dire de ses ouvrages ce que le P. Amiot a dit de ceux de Confucius : « On pourra s'y instruire dans l'art de bien gouverner les peuples, de maintenir le bon ordre dans les familles et de régler son propre cœur. »

IV

LA RÉFORME ACCOMPLIE EN CHINE. — L'AVENIR DE LA RÉFORME
EN FRANCE

A voir les honneurs extraordinaires que les Chinois rendent à la mémoire de Confucius, on n'imaginerait pas les traverses qu'il eut à subir pendant le cours de sa longue et bienfaisante carrière.

Dans le royaume de Soung, par exemple, les grands officiers réprésentèrent au prince « qu'il y avait du danger à laisser dogmatiser le philosophe de Lou ; que ces assemblées qu'il tenait en pleine campagne, où tout le monde pouvait se rendre, et où l'on ne s'entretenait que des anciens usages, de l'ancienne doctrine et des anciens empereurs, pouvaient avoir les suites les plus fâcheuses, parce que, dans le parallèle que l'on faisait des anciennes mœurs avec les nouvelles, on ne manquait pas d'accuser le gouvernement de tout ce qui se pratiquait alors ». Confucius fut mis en prison.

Il n'en fut pas partout ainsi ; mais partout il trouva chez les grands la plus vive opposition à la réforme, et partout on les vit s'efforcer de paralyser son enseignement. Il ne se découragea pas : il avait foi dans la fécondité de la semence qu'il avait répandue par toute la Chine, et il comptait sur ses disciples pour la faire fructifier.

« Mon cher Yen-Hoeï, dit-il un jour à celui d'entre eux qu'il estimait le plus, j'avance à grands pas vers la fin de ma carrière, et le temps de ma dissolution n'est pas éloigné. Vous avez été témoin de tout ce que j'ai fait pour tàcher d'inspirer aux hommes l'amour de la vertu, et vous n'ignorez pas combien j'ai eu peu de succès. Il y a peut-être de ma faute si je n'ai pas réussi : dans ce cas, vous la réparerez et vous viendrez à bout de ce que j'ai tenté inutilement. La connaissance que j'ai de votre bon naturel et les progrès que vous avez faits dans l'étude de la sagesse, me font fonder sur vous les plus douces espérances. Vous aimez les hommes; je vous ai vu compatir à leur faiblesse, excuser leurs défauts, ne pas vous offenser de leur ingratitude ni de leurs autres vices; je vous ai vu leur faire tout le bien que vous avez pu et leur souhaiter tout celui que vous auriez voulu pour vous-même; en un mot, je me suis convaincu, en observant de près toute votre conduite, que vous avez l'*humanité* (jin) gravée dans votre cœur en caractères ineffaçables. Continuez à faire de cette vertu votre vertu favorite, et puisque vous savez parfaitement en quoi elle consiste, et ce qu'elle exige de ceux qui veulent l'acquérir, faites tous vos efforts pour en faire connaître l'excellence, et prenez sur vous d'en expliquer la doctrine quand je ne serai plus. »

Lorsqu'il se sentit près de ses derniers moments, il fit venir ses principaux disciples, et il leur dit : « C'est ici la dernière fois que je prends avec vous la qualité de maître, et ce que je vais vous dire sera la dernière instruction que vous recevrez de moi. Retenez-la bien et ne manquez pas de la mettre en pratique lorsque je ne serai plus :

« Vous savez qu'un homme, quelque sage, quelque intelligent, quelque éclairé qu'il soit d'ailleurs, n'est pas également propre à tout. Le point capital de chacun est de connaître à quoi il est propre, afin de s'y appliquer préférablement à tout et de s'y perfectionner. Il n'est que trop ordinaire qu'on se fasse illusion sur le choix, et qu'on manque, par là, de réussir comme on l'aurait fait si l'on avait bien choisi.

« Il y a longtemps que vous vous êtes attachés à moi et que vous m'avez reconnu pour votre maître. J'ai fait tous mes efforts pour m'acquitter des obligations que j'avais contractées envers vous en vous acceptant pour disciples ; vous m'avez suivi, vous avez partagé mes travaux et mes peines, et vous avez appris ce qu'il en coûte pour s'instruire sur les différents objets qu'il importe à tout homme de savoir, quand il veut remplir exactement la tâche qui lui est imposée pendant son séjour sur la terre. Dans le déplorable état où en sont aujourd'hui les choses, et en considération de l'éloignement que l'on témoigne partout pour la réforme des mœurs et le renouvellement de l'ancienne doctrine, vous ne devez pas vous flatter de rappeler le commun des hommes à la pratique de leurs devoirs. Vous êtes témoins du peu de succès que j'ai eu dans l'entreprise que j'en ai faite, et à laquelle je n'ai cessé de travailler dans le cours de ma longue vie. Ce que vous pouvez faire avec quelque espérance de succès, c'est de continuer à conserver le précieux enseignement dont je n'étais que le dépositaire et que je vous ai transmis. Vous le confierez vous-mêmes à des personnes qui pourront en faire usage, et qui le transmettront à leur tour à d'autres pour le faire parvenir aux générations futures. »

Nous espérons que nos lecteurs ne se seront pas lassés des citations que nous avons faites des écrits et des paroles de Confucius : pour beaucoup, elles auront été comme une révélation de ce grand homme, moins connu que les anciens sages de Rome et de la Grèce, bien qu'il soit antérieur à presque tous, et qu'il les ait surpassés tous au point de vue des doctrines et des mœurs. La raison de cette supériorité, c'est que ce qu'il appelle si bien « le dépôt » et ailleurs « la loi du ciel », la loi morale révélée lui avait été transmise plus exactement par les ancêtres des Chinois et qu'il avait conservé ce dépôt plus fidèlement.

On voit qu'au moment de sa mort le réformateur ne se rendait pas compte de l'effet, encore latent, produit par ses enseignements sur l'esprit public, et qu'il n'entrevoyait le succès de la réforme que dans un avenir encore éloigné. Mais à peine eut-il fermé les yeux qu'on vit se produire le mouvement réformiste. Il se propagea rapidement dans tout l'empire, et il y détermina la restauration sociale dont les fruits sont encore apparents.

Les hommes sont ainsi faits : ils ne sentent bien le prix de ce qu'ils possèdent qu'au moment où ils viennent à le perdre. Le roi de Lou, qui avait négligé Confucius pendant qu'il vivait, fut vivement affecté de sa mort. « Le suprême souverain est irrité contre moi, s'écria-t-il, il m'a enlevé le trésor le plus précieux de mon royaume. » Il fit construire près de son tombeau un vaste et superbe monument, « afin, dit ce prince, que tous les amateurs de la sagesse puissent s'y rendre pour accomplir les cérémonies respectueuses en l'honneur de celui qui leur a frayé la route, et sur le modèle duquel ils doivent se former ». L'édifice terminé, il vint en personne reconnaître Confucius pour maître et lui rendre, en cette qualité, les mêmes honneurs que s'il eût été vivant.

Les disciples du sage, qui de toutes les provinces de l'empire étaient accourus à ses funérailles, s'engagèrent à venir lui rendre les mêmes honneurs une fois chaque année, et tous les lettrés adoptèrent cet usage. Plus tard, ce qui n'avait été qu'un acte volontaire de reconnaissance fut érigé en loi de l'Etat : aujourd'hui aucun lettré n'est admis à recevoir les grades littéraires, aucun mandarin n'entre dans l'exercice de sa charge qu'après avoir accompli les cérémonies respectueuses en l'honneur du grand réformateur. Comme il était impossible que, de tous les points de la Chine, on se rendît à Kin-fou-Kien, où est son tombeau, on a élevé dans chaque ville un édifice, appelé *Miao*, où se font ces cérémonies respectueuses.

Tel est ce qu'on appelle le *culte* de Confucius : on voit que, renfermé dans les prescriptions légales et dégagé des pratiques abusives qu'y ajoutent les tao-ssé et les bouddhistes, ce culte n'est pas idolâtrique. Ce grand homme est honoré non comme un dieu ou un esprit, mais « comme un sage suscité du ciel pour faire revivre la saine doctrine; comme le plus saint, le plus sage, le plus vertueux des instituteurs des hommes ». Tels sont les titres que lui donnent les Chinois. On lui éleva des statues; mais, en 1530, l'empereur Kia-Tsing, sur l'avis du tribunal des rites, qui vit là une pratique sentant l'idolâtrie, fit enlever de la salle des grands hommes les statues et les portraits de Confucius et des autres sages. On les remplaça par de simples tablettes portant des inscriptions. Sur celle de Confucius on lit : « *Tché-cheng-sieu-ché* (le sage par excellence).

Ces honneurs publics et perpétuels rendus au restaurateur de la société chinoise sont une institution de sage et haute politique. Ils prolongent, en quelque sorte, la vie de Confucius, et font que, depuis vingt-quatre siècles, il n'a pas cessé d'être présent à la mémoire des

Chinois : c'est toujours lui qui les instruit; ce sont ses leçons qui les gouvernent. Aussi un des missionnaires du dix-septième siècle a-t-il pu dire : « Il a eu depuis sa mort plus de part qu'aucun autre dans l'administration de l'Etat par les maximes qu'il a répandues et par les beaux exemples qu'il a donnés; de sorte qu'il est encore le modèle de tous les gens de bien [1]. »

La réforme fut si complète et si fermement assise que le tyran Thsin-chi-hoang-Ti, ne pouvant vaincre l'opposition des lettrés, en fit mettre à mort cinq cents, et fit brûler les livres sacrés et tous ceux qui enseignaient la loi morale que Confucius avait restaurée. Mais vingt-cinq années plus tard les livres furent réimprimés, et la doctrine traditionnelle, remise en vigueur sous la dynastie des Han (deux cents ans avant notre ère), gouverne encore aujourd'hui l'empire.

Qu'il y ait des vices en Chine, que le gouvernement n'y soit pas exempt d'abus, il n'y a rien là qui infirme le succès de la réforme : les Chinois sont hommes et ils sont gouvernés par des hommes. Ce que l'on peut affirmer, c'est que, malgré les vices inhérents à la nature humaine, et malgré les résultats pernicieux de leurs rapports avec les Européens, la somme du bien l'emporte encore aujourd'hui chez eux sur la somme du mal.

« La grande richesse de l'empire, l'industrie infatigable du peuple et son inviolable attachement à son pays, sont autant de circonstances qui prouvent que si le gouvernement est jaloux de ses droits, il ne néglige point ses devoirs... Dans la pratique, il se glisse nécessairement un grand nombre d'abus ; mais au total, et si l'on considère les résultats définitifs, la machine fonctionne bien, et nous répétons qu'on en trouve d'éclatants témoignages chez la nation la plus gaiement industrieuse, la plus paisible et la plus opulente de l'Asie. [1] »

« Je désespère vraiment de donner une idée du travail cyclopéen, de l'énorme trafic, de l'industrie patiente, de l'incroyable fertilité, du contentement individuel, du tableau de prospérité et de paix que j'ai sous les yeux [2]. »

---

1. *Nouveaux Mémoires sur la Chine*, par le P. Le Comte, t. Ier, p. 271. Amsterdam, 1698.

2. J.-F. Davis, ancien président de la Compagnie des Indes en Chine. *Description générale de la Chine*, t. Ier, p. 201, trad. Pichard, 1837.

3. M. G. Wingrove Cooke, correspondant du *Times*, Revue des Deux-Mondes, XXII (2e période), p. 145 (1859).

Après ces témoignages, compétents et non suspects, — et tant d'autres que nous pourrions fournir, — on ne saurait contester le succès complet et permanent de la réforme accomplie par Confucius. La vérité de sa doctrine sociale ressort de ce fait acquis : elle a procuré à sa patrie la paix, la prospérité, la durée. La population est *gaiement industrieuse ;* elle jouit du *contentement individuel :* de quel peuple européen en pourrait-on dire autant?

« Ce n'est que par la supériorité de la politique et de la jurisprudence de la Chine qu'on peut résoudre le problème de la durée de ce grand empire, le plus ancien de l'univers. Un philosophe est bien à court de philosophie quand il ne sent pas que l'ascendant seul d'une morale nationale et universelle a pu sauver le fond du gouvernement et de la législation des naufrages des mauvais règnes et des révolutions générales, subjuguer des conquérants victorieux et barbares, replier un siècle sur l'autre pour réformer les abus [1]. »

L'avenir de la réforme en France se déduit logiquement du succès qu'elle a eu en Chine. Il y a tant d'analogie entre les causes de la corruption et de la souffrance chez les deux nations, entre les deux réformateurs qui ont observé et signalé ces causes, entre les moyens indiqués par eux pour guérir le corps social, qu'il est logique de conclure que l'un ayant réussi dans sa patriotique entreprise, l'autre n'y saurait échouer.

En 1864, quand parut la première édition de la *Réforme sociale,* M. Le Play ne prévoyait la réalisation de cette réforme qu'à une époque encore éloignée. « Si, disait-il, les maux déchaînés sur la France depuis deux siècles ne peuvent être guéris au milieu des aveuglements de la prospérité matérielle; si l'antagonisme et l'instabilité doivent priver encore notre génération des bienfaits de la réforme, gardons la confiance en l'avenir et préparons un meilleur sort à nos descendants [2]. » On vient de voir que Confucius n'avait pas espéré de ses efforts un résultat plus prochain.

Mais depuis la grande humiliation que la France a subie, sous le coup des calamités dont elle souffre, dans la prévision des calamités plus grandes qui la menacent, M. Le Play a constaté des symptômes plus favorables. « La vérité qui, avant la catastrophe, était reléguée

---

1. Le P. Amiot. *Mémoires des missionnaires de Péking,* t. II, p. 370.
2. 6ᵉ édition, t. IV, p. 377.

dans des écrits peu connus, se fait jour maintenant de tous les côtés. La Révolution, servie par les fortes races qu'avait créées l'ancienne France, a pu d'abord inspirer certaines illusions; mais son caractère pernicieux apparait à mesure qu'elle est dirigée plus exclusivement par les hommes égarés et impuissants qu'elle a formés... Jusqu'à présent l'erreur tient chez nous le « haut du pavé ». Elle a pour appui la majorité de la classe dirigeante; elle est encore prêchée par les lettrés d'un autre âge, qui ont acquis leur renommée en professant les faux dogmes et en glorifiant les coupables conséquences qui en résultent.

« Heureusement des talents plus jeunes puisent aujourd'hui leurs succès à des sources plus pures... Le retour de la jeunesse aux éternels principes du bien rend l'espoir à ceux qui, sans parti pris, prennent simplement le critérium de leurs opinions dans le bonheur de la patrie. C'est déjà l'aurore de la réforme[1] ».

Il n'est pas contestable que la réforme ne peut être accomplie sans le concours des gouvernants, puisque, en des matières essentielles, la législation actuelle y fait obstacle, à tel point qu'on peut la dire légalement impossible. L'assemblée élue en 1871, composée de gens de bien, eût pu réaliser la réforme dans la législation. Mais ses lumières n'étaient pas au niveau de son honnêteté, et ses membres étaient imbus, à des degrés divers, des erreurs dominantes. « Les trois faux dogmes de 1789 ont remplacé, dans les âmes et les esprits de mes concitoyens, les préceptes du Décalogue... Les hommes qui se disent *conservateurs*, et croient représenter la tradition nationale, sont imbus de ces erreurs presque autant que leurs rivaux politiques qui arborent le drapeau de la nouveauté. Sciemment ou à leur insu, les deux partis travaillent en fait, depuis huit ans, à préparer la douzième révolution ou la dernière catastrophe[2] ». M. Le Play a bien raison de le dire, « les Français sont devenus, d'erreur en erreur et de chute en chute, le peuple le plus malheureux de l'Europe ».

Il en sera ainsi tant que nous n'aurons pas pris nous-mêmes l'initiative de la réforme, en ce qui nous concerne personnellement. Une assemblée élective ne représente jamais que les aspirations, les passions, bonnes ou mauvaises, de ceux par qui elle a été élue : une

1. *Ibid.*, p. 382.
2. *Ibid.* p. 390.

assemblée réformatrice ne peut sortir que d'un corps électoral qui déjà reconnu ses erreurs, et qui s'est réformé, en tant qu'il dépend de lui de le faire ; elle vient alors compléter par la législation la réforme accomplie déjà dans les opinions.

Or, il dépend certainement de nous de reconnaître nos erreurs et de les abjurer nettement. « Calculez vos gains, disait Burke, voyez ce que vous avez acquis par vos spéculations extravagantes et présomptueuses, qui ont appris à vos chefs à mépriser tout ce qui les a précédé, à mépriser leurs contemporains et à se mépriser eux-mêmes, jusqu'au moment où ils sont devenus réellement méprisables. En suivant ces lumières trompeuses, il en a plus coûté à la France pour acquérir des calamités évidentes, qu'à aucune autre nation pour se procurer des avantages certains [1]. »

Confucius l'a dit avec l'autorité de sa haute raison : « Le perfectionnement de soi-même est la base fondamentale de tout progrès et de tout développement moral. » C'est sur cette base qu'il a fondé la réforme de la Chine ; c'est par la réforme individuelle qu'il a procuré la réforme sociale. Le même procédé aurait chez nous des résultats identiques. La personne étant revenue de ses erreurs et corrigée de ses vices, la famille serait bien dirigée, l'opinion publique serait redressée, les élections produiraient des assemblées plus et mieux éclairées, et ces assemblées réaliseraient la régénération sociale.

C'est là une de ces vérités de sens commun dont personne ne doute, mais que personne ne met en pratique. L'égoïsme a, pour ainsi dire, cautérisé la conscience : elle ne sent plus ses blessures. On ne comprend plus la solidarité sociale ; on n'obéit plus qu'aux impulsions basses de l'intérêt personnel, cette première branche de l'arbre du mal, comme dit le Sage de la Chine. De là découlent successivement le désordre dans la famille, le mauvais choix des fonctionnaires électifs ou autres, l'abandon des bonnes traditions, la création des mauvaises lois, la perversion de la société.

Il y faut pourtant prendre sérieusement garde. La civilisation n'est rien autre chose que la rectitude dans le gouvernement de la société domestique et de la société publique. Faute de revenir à la pratique du juste et du vrai, « la race s'abîmerait peu à peu dans la corruption, si les catastrophes nationales ne venaient promptement apporter les moyens de salut ou, tout au moins, des avertissements salu-

1. *Réflexions sur la Révolution française*, p. 63, édition 1790.

taires. Ce secours est douloureux, mais indispensable aux peuples égarés, et il n'a jamais été refusé par la Providence aux races révoltées contre la constitution essentielle.[1] »

La souffrance, et la souffrance poussée souvent jusqu'à la dissolution du corps social, est donc la sanction de la constitution essentielle. Ainsi l'avait reconnu Confucius, quand il disait : « Le ciel donne tôt ou tard des marques de son indignation contre les infractions à ses lois. » Ainsi l'ont pensé dans tous les temps les sages, tant du paganisme que du christianisme[2].

Cela est évidemment contraire à l'idée moderne de l'*ordre légal*, de la *loi des majorités* : mais l'idée moderne ne prévaudra pas contre l'ordre providentiel; la preuve en est assez manifestée par l'impuissance de nos contemporains à rien fonder sur la théorie moderne. La majorité est une *force*, elle n'est pas une *loi*. Cette force, animée par l'esprit du bien, peut tout pour la prospérité publique; mais le bien n'est pas une chose arbitraire soumise à l'appréciation de la majorité ; le bien est défini par la loi morale, à laquelle la majorité doit se soumettre avant tout, si elle veut valider ses actes. Les lois faites par la majorité ne sont, en droit, rien autre chose que des règlements d'utilité publique destinés à procurer l'obéissance à la loi morale ; toute entreprise contre cette loi, d'où qu'elle vienne, est nulle, caduque et pernicieuse de soi.

« Les lois sont les rapports nécessaires qui dérivent de la nature des choses. » Cette définition de Montesquieu[3] est justifiée par tous les faits sociaux. Les lois constitutionnelles, essentielles à l'existence de toute société humaine, dérivent de la nature de l'homme, et, bien loin qu'elles puissent être inventées et décrétées arbitrairement, elles sont ce qu'elles sont, indépendamment de la volonté humaine; elles sont les rapports nécessaires qui relient l'homme à Dieu, à ses semblables, à l'ensemble de la création.

Quelque étendue que l'on suppose à la liberté active de l'homme, elle ne saurait dépasser les limites de son pouvoir; et son pouvoir

---

1. Le Play. Les *Ouvriers européens*, 2° édit., t. Ier, p. 610.
2. Isaïe, Sénèque, saint Augustin, avaient la même idée de cette sanction inévitable, et ils l'ont exprimée en des termes presque identiques. *Aures tuæ audient verbum post tergum monentis.* (Isaïe. ch. xxx, v. 21.) — *Sequitur superbos victor a tergo Deus.* (Sénèque, *in hercule furente.*) — *Tu imminens dorso fugitivorum tuorum...* (Saint Augustin, *Confess.*, liv. Ier, ch. iv. § 1.)
3. *Esprit des lois*, liv. Ier, ch. i^{er}.

ne va pas jusqu'à détruire ou changer la nature des choses. Il peut la méconnaître, il peut s'insurger contre elle ; mais il ne l'a jamais fait que pour son tourment et pour son malheur. La nature des choses le tient : et, s'il s'entête, elle l'écrase. Ainsi l'avoue Jean-Jacques Rousseau lui-même : « Si le législateur, se trompant dans son objet, prend un principe différent de celui qui naît de la nature des choses... l'État ne cessera d'être agité jusqu'à ce qu'il soit détruit ou changé, et que l'invincible nature ait repris son empire [1]. »

Donc, le premier titre de M. Le Play a la confiance de ceux qui le lisent, c'est cette déclaration nette et sensée, qu'en matière de science sociale, « il n'a rien inventé ». Il ne s'est pas proposé d'autre but que de chercher « la nature des choses sociales, » et il l'a cherchée en observant les faits sociaux, en étudiant les rapports des hommes entre eux, dans la famille, dans l'atelier, dans le voisinage, dans la province, dans l'État. Partout où il a trouvé l'agitation, le malaise, l'instabilité, la souffrance, il a constaté en même temps que les rapports nécessaires qui doivent unir les membres des sociétés publiques ou privées avaient été faussés, et que ces sociétés se trouvaient dans une situation contre nature. Là, au contraire, où il a rencontré le contentement, la paix, la stabilité, la prospérité, il a trouvé la cause de cette vie heureuse dans la régularité des rapports sociaux et dans leur conformité avec la nature des choses. Tout son système de réforme se résume donc en ceci : Rentrer dans la nature des choses sociales.

Or, s'il est vrai, comme le dit Jean-Jacques Rousseau, — et cela est incontestable, — que la nature des choses est «invincible», nous sommes fondés à dire que la réforme se fera. Quelles que soient les calamités et les appréhensions du présent, la conscience publique est convaincue que la France est poussée vers un meilleur avenir. Celui qui a posé à l'Océan des bornes qu'il ne franchit pas, a marqué à la perversité humaine un terme qu'elle ne peut dépasser. Si l'homme était capable de faire tout le mal qu'il est capable de vouloir, le monde n'existerait plus depuis longtemps. La réforme se fera donc : elle se fera conformément à la nature des choses, c'est-à-dire sur les bases de la constitution essentielle.

Ce n'est pas là une assertion hasardée ; ce n'est pas là une théorie préconçue : c'est un fait d'expérience ; c'est un principe éternel, qui

---

1. *Contrat social*, liv. II, ch. XI.

s'impose à toute intelligence saine. A cette conclusion ont été conduits également et ceux qui ont étudié la question sociale au point de vue dogmatique, comme les Bonald et les Blanc de Saint-Bonnet; et ceux qui se sont placés au point de vue philosophique, comme Jean-Jacques Rousseau; et ceux qui ont consulté la tradition des ancêtres, comme Confucius; et ceux qui se sont livrés à l'observation des peuples contemporains, comme M. Le Play; et ceux qui ont cherché, à l'exemple de Condillac, la solution du problème dans l'histoire. « Aucun Etat florissant, dit ce dernier, n'est déchu qu'après avoir abandonné les institutions qui l'avaient fait fleurir; aucun Etat n'est devenu heureux qu'en réparant ses fautes et corrigeant ses abus [1]. »

La réforme sociale peut encore se faire pacifiquement et naturellement par l'aveu de nos erreurs et par le redressement des abus et des vices qui en ont été la suite. Que si les gouvernants et les gouvernés persistent dans leur aveuglement, la réforme ne s'en fera pas moins, mais elle sera violente et douloureuse dans ses causes déterminantes; car en pareil cas, dit Bolingbroke, « une réformation réelle ne saurait être produite par des moyens ordinaires. Elle en exige de puissants, qui servent à la fois de châtiment et de leçon; c'est par des calamités nationales qu'une corruption nationale doit se guérir [2]. »

EMM. DE CURZON

---

1. *De l'étude de l'histoire*, p. 25.
2. Lettre à Swift. Correspondance de Pope, lettre 46, t. VIII des Œuvres de Pope, p. 284, édit. 1779.

PARIS. — IMPRIMERIE P. MOUILLOT, 13, QUAI VOLTAIRE. — 20358

www.ingramcontent.com/pod-product-compliance
Lightning Source LLC
LaVergne TN
LVHW010335030726
842520LV00004B/1477